MINISTÈRE

DU COMMERCE, DE L'INDUSTRIE ET DES COLONIES.

DIRECTION DU COMMERCE INTÉRIEUR.

1er Bureau.

CAISSES D'ÉPARGNE ORDINAIRES.

INSTRUCTION

EN VUE DE L'EXÉCUTION DES RÈGLEMENTS

(PRÉPARÉE APRÈS ENTENTE AVEC LE DÉPARTEMENT DES FINANCES).

Du 14 Mars 1893

LUNÉVILLE

IMPRIMERIE NOUVELLE, 6, RUE DE LORRAINE, 6

1893

MINISTÈRE
DU COMMERCE, DE L'INDUSTRIE ET DES COLONIES.

DIRECTION DU COMMERCE INTÉRIEUR.

1er BUREAU.

CAISSES D'ÉPARGNE ORDINAIRES.

INSTRUCTION

EN VUE DE L'EXÉCUTION DES RÈGLEMENTS

(PRÉPARÉE APRÈS ENTENTE AVEC LE DÉPARTEMENT DES FINANCES).

Du 14 mars 1893.

I. Présence des Directeurs aux séances. — La présence des directeurs aux séances publiques est impérativement prescrite par l'article 3 du décret du 15 avril 1852. C'est là, au surplus, une des règles fondamentales de l'institution ; son exécution constitue la sauvegarde des intérêts des déposants, qui sont fondés à compter sur l'intervention assidue des directeurs dans la gestion de la caisse d'épargne à laquelle ils apportent leurs économies.

L'inobservation de ce principe serait de nature à entraîner des conséquences regrettables, car, en pareil cas, la responsabilité personnelle des directeurs a été prononcée par les tribunaux qui ont considéré le manquement habituel et prolongé à cette obligation comme une faute grave, entraînant, malgré la gratuité des fonctions, la réparation du préjudice qui en est résulté pour les déposants. La confiance, souvent

aveugle, que les directeurs mettent dans la probité du caissier, ne saurait justifier leur conduite ni les excuser de se départir des règles de la plus élémentaire prudence et de négliger toutes les mesures de précaution qui ont été sagement édictées par les règlements sur la matière. Cette confiance a souvent produit des désastres. Elle doit, cependant, exister, car, si les directeurs pouvaient concevoir le moindre doute au sujet de l'honnêteté du comptable, leur premier devoir serait de ne pas le conserver ; mais elle ne saurait aller jusqu'à motiver, de leur part, l'absence de tout contrôle et de toute surveillance. Il n'y a donc là aucune atténuation à la faute qu'ils commettent. |Les directeurs ne sauraient dès lors, s'abstenir sous aucun prétexte, d'assister aux séances publiques de la caisse ; s'ils ont un empêchement légitime, ils doivent en prévenir qui de droit, afin qu'un de leur collègue soit chargé de les remplacer. Dans le cas où ils jugeraient qu'avec le développement des opérations et la multiplicité des séances, ce service leur occasionne une charge trop lourde ou trop fréquemment répétée, ils possèdent, en vertu de l'article 2 du décret du 15 avril 1852, la faculté de nommer des directeurs adjoints en tel nombre qu'il leur paraît convenable, ces derniers étant autorisés à remplir les mêmes fonctions qu'eux-mêmes, lorsque la caisse est ouverte au public.

II. Interdiction de faire des opérations en dehors des séances. — Un abus plusieurs fois signalé par l'Inspection des finances consiste à autoriser le caissier à procéder, en dehors des séances réglementaires dont la durée et le nombre sont insuffisants, à la réception des versements des déposants et au payement des remboursements. Il y a là une pratique des plus blâmables et des plus dangereuses, car elle a été, plusieurs fois, l'origine de détournements considérables. Elle doit être sévèrement interdite. L'intérêt général qui s'attache aux mesures de surveillance et de contrôle, destinées à garantir les fonds déposés aux caisses d'épargne, doit prévaloir sur le désir que pourraient avoir quelques déposants d'effectuer des opérations lorsqu'ils se présentent. Les facilités qu'il convient de leur donner ne sauraient dégénérer en abus. Il importe de ne pas exposer l'établissement au danger que présenterait une gestion occulte qui se poursuivrait en dehors de toute surveillance.

III. **Nomination d'un contrôleur.** — Un certain nombre de caisses d'épargne ont compris l'avantage de nommer un agent indépendant du caissier et chargé du contrôle, conformément aux dispositions du paragraphe 16 de l'Instruction du 4 juin 1857. La recommandation des agents des finances à cet égard a été écoutée. Une semblable mesure est certainement excellente ; mais la nomination d'un contrôleur ne saurait, dans l'état actuel de la législation et des règlements, dispenser les directeurs de l'obligation qui leur incombe d'assister aux séances ; elle a pour but, non pas de les décharger du contrôle réglementaire, mais de leur en faciliter l'exécution.

IV. **Coffre-fort à deux serrures.** — L'infraction à l'article 9 du décret du 15 avril 1852 a été constatée d'une manière à peu près générale. Cet article exige que chaque caisse d'épargne soit pourvue d'un coffre-fort à deux serrures différentes et que l'une des clés reste entre les mains du directeur de service. S'il y a lieu de faire appel au dévouement des directeurs, il convient aussi de ne pas leur imposer une tâche trop lourde et des occupations qui ne soient pas indispensables. Or, on ne saurait méconnaître que, dans les caisses d'épargne de grande importance, où le mouvement des fonds et valeurs est très considérable, il ne soit très difficile, pour ne pas dire impossible, d'obliger un des directeurs à être toujours présent à l'ouverture et à la fermeture du coffre-fort. Dans d'autres caisses, les principaux livres de comptabilité sont enfermés dans ce coffre-fort, afin de les mettre à l'abri de tout danger. Le directeur ne saurait être astreint à se mettre constamment à la disposition du caissier, pour qu'il puisse tenir ses écritures. En outre, cette précaution n'a pas donné les avantages pratiques qu'on en attendait. Il importe néanmoins de se conformer, dans la mesure du possible, à cette disposition réglementaire. Lorsqu'il y a un contrôleur, il est admis que c'est lui qui doit être dépositaire de la seconde clé.

V. Jetons de présence. — Afin d'amener une plus grande régularité dans le service, les conseils des directeurs de diverses caisses d'épargne ont pris le parti d'allouer à leurs membres des jetons de présence. Alors même que les statuts n'auraient pas établi expressément le principe de la gratuité des fonctions de directeurs, cette gratuité a toujours été regardée comme un des caractères essentiels de l'administration de ces établissements et comme constituant, pour les personnes honorables qui veulent bien y participer, un des titres les plus sérieux à l'estime de leurs concitoyens. Or, l'allocation de jetons de présence équivaut à une rémunération qui, pour être indirecte et réduite aux plus minimes proportions, n'en est pas moins une dérogation au principe de la gratuité ; elle serait même de nature, le cas échéant, à faire apprécier plus sévèrement par les tribunaux la responsabilité que certains directeurs auraient encourue à raison de leurs fautes et négligences dans l'accomplissement de leur mandat. Toutefois, cet usage peut être admis, lorsque, par leur valeur intrinsèque, ces jetons de présence doivent être envisagés surtout comme un témoignage honorifique accordé aux personnes qui veulent bien consacrer leur temps et leurs soins au service des caisses d'épargne.

VI. Tenue des bordereaux de contrôle. — Dans les séances publiques, le directeur de service a, principalement, pour mission de tenir un bordereau de contrôle tant pour les versements que pour les remboursements. Les paragraphes 16 et 40 de l'Instruction du 4 juin 1857 renferment des indications précises sur la nature et le but de ces documents. Leur utilité est incontestable ; ces pièces de comptabilité servent, en effet, de base aux vérifications des agents des finances et au contrôle que doivent exercer les directeurs. Il importe, dès lors, que les prescriptions ci-dessus rappelées soient observées.

Toutefois, elles ne sauraient être entendues en ce sens que le directeur de service est astreint à écrire lui-même matériellement les bordereaux de contrôle. Une telle interprétation, beaucoup trop étroite, ne se concilierait pas avec la faculté que lui laisse le paragraphe 16 de l'Instruction de se faire suppléer par une personne de son choix ou un employé de la caisse. Dans certains établissements importants, cette obligation serait même matériellement inexécutable. L'essentiel, en cette matière, est que le bordereau de contrôle soit tenu sous la surveillance du directeur de service et qu'il soit arrêté et signé par lui.

Lorsqu'il existe un contrôleur, cette tâche lui est naturellement dévolue, mais dans les conditions qui viennent d'être indiquées, à savoir que le directeur de service a seul qualité pour arrêter et signer le bordereau de contrôle.

Ces bordereaux sont, parfois, établis sans soin, avec des grattages, des surcharges ou des ratures, même dans les arrêtés. Les énonciations de ces documents ne peuvent plus, dès lors, inspirer confiance. De pareils procédés sont, au surplus, contraires à toutes les règles de comptabilité. Lorsque des erreurs ont été commises, les rectifications doivent avoir lieu, comme pour toutes les pièces analogues, au moyen de ratures ou de renvois approuvés et signés, ou tout au moins paraphés par le directeur de service.

VII. Remise des bordereaux de contrôle au Secrétaire du Conseil ou à un Agent spécial en dehors du Caissier. — Par suite d'un usage défectueux très fréquemment signalé, les bordereaux de contrôle sont laissés à la disposition du caissier, au lieu d'être remis directement au secrétaire du conseil des directeurs ou à l'agent qu'il délègue à cet effet, ainsi que le prescrit le paragraphe 17 de l'Instruction du 4 juin 1857, qui recommande expressément que ces bordereaux ne passent jamais entre les mains du caissier. C'est enlever toute valeur à des pièces, que de les abandonner au comptable, dont elles doivent servir à contrôler les écritures. Il y a là, pour la bonne gestion de l'établissement, une sérieuse garantie ; il importe d'y tenir exactement la main.

VIII. Tenue de bordereaux pour chaque séance. — Une autre pratique défectueuse, non moins fréquemment suivie, consiste, pour les caisses d'épargne qui ont plusieurs séances par semaine, à n'établir qu'un seul bordereau et à rattacher à une seule journée toutes les opérations faites pendant ces deux ou trois séances et quelquefois plus. Le directeur de service qui arrête ce bordereau certifie ainsi des faits qui se sont accomplis en dehors de sa présence et sous le contrôle d'un autre directeur. En outre, cette manière de faire est très irrégulière au point de vue des principes d'une bonne comptabilité, qui exigent que les opérations soient décrites jour par jour. Enfin, elle peut avoir une influence sur les dates de valeur à attribuer aux versements et aux remboursements dans un sens préjudiciable soit aux déposants, soit à la caisse d'épargne. Elle doit donc être abandonnée.

IX. **Balance annuelle des comptes individuels.** — L'établissement en fin d'année de la balance des comptes individuels, qui est imposée à toutes les caisses d'épargne, quelle que soit leur importance, par l'article 8 du décret du 15 avril 1852 et le paragraphe 88 de l'Instruction du 4 juin 1857, présente un intérêt considérable. L'examen de ce document, tenu d'une façon régulière, peut seul permettre de s'assurer de l'exactitude du compte général des déposants, de connaître, en un mot, les sommes dues par les caisses à leurs déposants, et faciliter la découverte de procédés incorrects. Certaines caisses ne dressent pas cette balance chaque année ; d'autres ne l'établissent pas dans le délai de trois mois qui leur est imparti par le décret précité. L'Inspection des finances a relevé, en outre, des irrégularités dans la manière dont elle avait été faite et, parfois, des erreurs d'addition commises volontairement, afin de supprimer des discordances. Il importe que les conseils des directeurs tiennent expressément la main à ce que l'on évite des pratiques de cette nature qui, le plus souvent, ont pour but de dissimuler des situations inexactes. Ils devront s'attacher à seconder de tout leur pouvoir l'action de MM. les receveurs des finances, dont l'attention a été appelée spécialement sur ce point par M. le Ministre des finances dans une circulaire du 6 décembre 1891. Le souci même de leur responsabilité leur en fait un devoir ; ils le comprendront sans aucun doute et, dans le cas où ils rencontreraient, de la part des caissiers, des difficultés pour établir cette balance, ils n'hésiteront pas à confier ce travail à un comptable spécial et expérimenté, s'ils ne veulent pas s'en charger eux-mêmes.

X. Procès-verbaux des séances. — Le modèle des procès-verbaux de séances a été donné par le paragraphe 96 de l'Instruction du 4 juin 1857, sous les numéros 55 et 56 des annexes ; il ne comporte pas la mention des transferts-recettes, des transferts-payements, des achats de rentes pour le compte des déposants. Ce silence se justifie par la raison qu'aucune de ces opérations n'est une opération de caisse proprement dite, puisqu'elles n'entraînent ni recette, ni payement de numéraire, seul objet du procès-verbal ; elles donnent uniquement lieu entre la Caisse des dépôts et consignations et la caisse d'épargne à des passations d'écritures dont l'Instruction précitée a déterminé les formes.

XI. Encaisses trop élevées et dépassant les nécessités. — Le montant des sommes qu'il est permis de conserver en caisse a été déterminé par l'article 10 du décret du 15 avril 1852 et le paragraphe 96 de l'Instruction du 4 juin 1857, qui dispose que ces sommes ne peuvent dépasser le montant des remboursements demandés et promis pour être effectués avant ou à la plus prochaine séance de recette. Néanmoins, certaines caisses d'épargne gardent des encaisses dont la disproportion avec leurs besoins a été signalée. Par suite des dates de valeur pour les placements et les retraits à faire sur le compte courant que les caisses d'épargne ont à la Caisse des dépôts et consignations, la conservation d'encaisses trop considérables est susceptible de leur causer un préjudice et de leur faire perdre des intérêts. Il y a donc lieu de penser que cette critique n'aura plus besoin d'être renouvelée.

XII. Intérêts sur livrets soldés pendant l'année. — Quelques caissiers ne se conforment pas au paragraphe 84 de l'Instruction du 4 juin 1857 sur la manière de passer écriture des intérêts payés sur les livrets soldés pendant l'année. Sans entrer dans le détail des diverses méthodes employées et qui le plus souvent ont pour effet de fausser les résultats, il importe de rappeler que ces intérêts doivent être portés successivement au crédit du compte *Déposants* et au débit du compte *Profits et Pertes*, qui joue le rôle de compte d'attente ou d'avances depuis le jour du remboursement jusqu'au 31 décembre. Il semble logique de passer en recette, aux déposants, les intérêts sur livrets soldés lorsque ces intérêts sont payés.

En effet, au moment d'un remboursement total, la caisse d'épargne alloue des intérêts qui ne sont pas encore échus, qu'elle n'a point encore reçus de la Caisse des dépôts et consignations, qui ne les lui servira qu'au 31 décembre. Elle est donc tenue d'en faire l'avance. Comme, en fin d'année, ces intérêts seront portés au crédit du compte *Profits et Pertes*, par le débit du compte *Caisse des dépôts et consignations*, il est donc tout naturel de faire intervenir ce compte *Profits et Pertes* et de le charger d'avancer les intérêts qui sont alloués au fur et à mesure que des remboursements totaux sont effectués.

XIII. Comptes à ouvrir pour les succursales. — En ce qui concerne les écritures relatives aux succursales, il serait préférable de passer en comptabilité leurs opérations au fur et à mesure de l'arrivée des envois, au lieu d'attendre que tous les envois soient parvenus pour passer un article en bloc. En outre, dans certains cas, il pourrait être utile d'ouvrir dans les écritures de la caisse centrale un compte intitulé : *Fonds attendus des succursales* que l'on débiterait au lieu et place du compte *Caisse*, en attendant la réception des espèces, et qui, le jour de la réception, serait crédité par le débit dudit compte *Caisse*. On entrerait ainsi complètement dans l'esprit de l'Instruction du 4 juin 1857, dont les dispositions tendent à assurer le contrôle journalier des opérations des succursales et leur rattachement immédiat à celles de la caisse centrale, et cela sans déroger au paragraphe 84 qui, indiquant certains comptes à ouvrir, les qualifie de principaux, mais n'entend pas en faire une énumération limitative. Le compte dont il s'agit ne serait, du reste, que le complément d'un autre compte à créer sous le titre : *Succursales, compte d'envois de fonds par la caisse centrale*, et qui serait destiné à constater l'expédition puis l'arrivée dans les succursales des fonds partis de la caisse centrale.

XIV. **Surveillance de la gestion des succursales.** — Indépendamment de la surveillance exercée par le caissier central sur la gestion des sous-caissiers des succursales, l'Inspection des finances recommande un contrôle qui serait également très utile, et qui consisterait dans l'obligation que s'imposerait le conseil des directeurs de déléguer plusieurs de ses membres qui s'adjoindraient au caissier pour vérifier sur place les succursales. Ce contrôle a été adopté avec avantage par quelques caisses.

XV. **Virements entre succursales.** — Parmi les caisses d'épargne qui ont créé des succursales, il en est qui admettent que le livret pourra servir à des opérations faites à la Caisse centrale aussi bien qu'à l'une quelconque des succursales. C'est là une pratique très utile et qu'il importerait de voir se généraliser. D'autres caisses, au contraire, affectent à chaque succursale des livrets classés sous une série spéciale et qui ne peuvent être utilisés que dans la succursale pour laquelle ils ont été émis. Si le déposant change de résidence, il lui est remis, en échange de son livret primitif, un nouveau livret semblable à ceux qui sont en usage dans cette autre succursale. Cette opération, analogue au transfert entre caisses d'épargne, a reçu, dans la pratique, le nom de *virement*. Elle n'est interdite par aucun règlement et les caisses sont libres de l'adopter si elles ne la trouvent pas gênante pour leur clientèle. Seulement il en est qui, en cas de virement entre succursales, procèdent de la même manière que si le compte du déposant était soldé et ouvert à nouveau ; elles calculent les intérêts comme en cas de remboursement et de versement. Or, c'est là une perception illégalement opérée sur les intérêts dus aux déposants. La succursale ne forme pas un établissement ayant une personnalité spéciale, distincte de celle de la caisse d'épargne ; l'échange de livrets ne saurait donc, à aucun point de vue, être envisagé comme un versement ou un remboursement. Les transferts entre caisses d'épargne différentes n'interrompent pas le service des intérêts, même quand ils auront lieu désormais entre caisses d'épargne du même département ; ce vice, depuis longtemps signalé et que rien ne justifiait, va enfin disparaître. A plus forte raison, convient-il de ne pas le tolérer quand il s'agit d'un simple virement entre deux succursales de la même caisse. D'autres caisses, au contraire, arrêtent le compte en capitaux et intérêts, comme en cas de transfert, et font indûment bénéficier le déposant d'une capitalisation d'intérêts effectuée en cours d'exercice, sans préjudice de celle qui a lieu en fin d'année.

XVI. **Point de départ et terme des intérêts pour les opérations faites le 1ᵉʳ ou le 16.** — La question s'est posée de savoir quel était le point de départ ou le terme des intérêts pour les sommes versées ou remboursées le 1ᵉʳ ou le 16 d'un mois. L'article 3 de la loi du 9 avril 1881, qui fixe à ces quantièmes les dates de valeur en ce qui touche les rapports des caisses avec leurs déposants, porte : *L'intérêt partira du* 1ᵉʳ *ou du* 16 *après le versement et cessera de courir à partir du* 1ᵉʳ *ou du* 16 *qui aura précédé le jour du remboursement.* Il résulte de ce texte qu'il ne faut pas tenir compte du jour où l'opération a été effectuée ; par conséquent, si un versement a lieu le 1ᵉʳ, l'intérêt ne commence à courir qu'à partir du 16, et à partir du 1ᵉʳ du mois suivant, s'il a lieu le 16. De même, lorsqu'un remboursement est fait à l'une ou à l'autre de ces dates, l'intérêt doit être arrêté au 16 du mois précédent, si le remboursement a été effectué le 1ᵉʳ, au 1ᵉʳ du même mois, si le remboursement a été opéré le 16. La solution qui précède dissipera toute équivoque sur ce point.

XVII. **Réduction des comptes dépassant le maximum de 2,000 francs. — Avis à donner aux titulaires par lettre chargée.** — L'article 9 de la loi du 9 avril 1881 est ainsi conçu : « Dès qu'un compte dépassera par les versements et la capitalisation des intérêts le chiffre de 2,000 francs, il en sera donné avis au déposant par lettre chargée. Si, dans les trois mois qui suivront cet avis, le déposant n'a pas réduit son crédit, il lui sera acheté d'office et sans frais 20 francs de rente sur l'Etat. Le service des intérêts sur l'excédent sera suspendu à partir de la date de l'avis jusqu'au jour de la réduction des comptes. »

La disposition qui précède est, sauf de rares exceptions, appliquée par les caisses d'épargne, ainsi qu'en témoignent les renseignements qu'elles ont fournis sur la demande de l'Administration ; ces exceptions sont le plus souvent motivées, soit par le décès du déposant et la liquidation de la succession dont les fonds déposés font partie, soit par l'impossibilité de retrouver le titulaire à la suite d'un changement de domicile, soit par la faible somme dont le compte dépasse le maximum et qui n'est parfois que de quelques francs ou même de quelques centimes. Ces dernières causes ne sauraient faire obstacle à la réduction du compte par la voie d'un achat de rente effectué d'office.

En outre, les prescriptions de la loi et les instructions relatives à la manière de procéder à ce genre d'opérations sont souvent mal comprises et mal exécutées en ce qui touche, d'une part, l'avis donné aux déposants placés dans la situation indiquée ci-dessus et, d'autre part, le calcul des intérêts. L'avis doit être donné par *lettre chargée*. C'est là une prescription formelle à laquelle les caisses d'épargne sont tenues d'obéir, car il s'agit d'une mise en demeure adressée au déposant d'avoir à réduire son compte, et il importe qu'aucun doute ne puisse être élevé ultérieurement sur le point de savoir si cette mise en demeure lui est parvenue. Telle est la préoccupation à laquelle a pour objet de répondre l'envoi de la lettre chargée. Or, il a été constaté très fréquemment que, dans la pratique, les caisses d'épargne ne remplissent pas cette obligation et se bornent à envoyer une lettre ordinaire, souvent même une simple note. Qu'elles fassent précéder l'envoi de la lettre chargée d'un avis officieux, prévenant le déposant que son compte dépasse 2,000 francs et que, s'il ne le réduit pas, il s'exposera aux pénalités édictées par l'article mentionné ci-dessus, c'est un usage qui ne saurait être blâmé, puisqu'on évite ainsi des frais inutiles et que ce simple avis suffit parfois pour amener la réduction du compte. Mais les caisses ne sauraient procéder à un achat de rente d'office, ni suspendre les intérêts, qu'autant qu'une lettre chargée a été expédiée au déposant qui, pour une raison quelconque, ne s'est pas conformé au premier avis officieux.

XVIII. Suspension des intérêts sur la partie dépassant 2,000 francs. — Dates de valeur pour les achats de rente effectués d'office. — Les intérêts doivent être suspendus sur la partie du compte qui dépasse 2,000 francs. Or, parmi les caisses d'épargne, il en est qui, sous prétexte de ne pas compliquer leurs écritures, n'appliquent pas cette pénalité ou suspendent les intérêts à partir d'une date uniforme, par exemple le 1er janvier ou le 31 mars. Ces procédés sont incorrects. Les caisses d'épargne ne sauraient se dispenser de suspendre les intérêts et de fixer le point de départ de cette suspension, non pas à une date quelconque, arbitrairement déterminée, mais à celle de l'envoi au déposant de la lettre chargée qui le concerne.

Par conséquent, au 1er janvier, il y a lieu de calculer les intérêts dits *anticipés* sur le montant intégral du compte, de cette date au 31 décembre ; puis, après l'envoi de la lettre chargée, on calculera les intérêts dits *rétrogades* sur la somme excédant 2,000 francs, à partir de cette date jusqu'au 31 décembre.

Plus tard, si le déposant se présente pour réduire volontairement son compte au moyen d'un remboursement, les intérêts seront arrêtés au 1er ou au 16 précédant l'opération, sur la partie de la somme remboursée comprise dans le maximum de 2,000 francs, l'excédent étant déjà improductif d'intérêts depuis l'envoi de la lettre chargée.

Dans le cas où, par suite du silence du déposant, la caisse se verrait dans la nécessité de réduire le compte d'office par un achat de 20 francs de rente, elle arrêterait au 1er ou au 16 précédant le jour de l'opération les intérêts servis au déposant sur la partie de la somme consacrée à cet achat qui serait comprise dans le maximum de 2,000 francs, le surplus, ainsi qu'il a été dit ci-dessus, étant déjà improductif d'intérêts depuis l'envoi de la lettre chargée. (*Circulaire du 25 avril 1890.*)

Il importe de rappeler, à ce sujet, qu'à la suite d'un accord intervenu entre le Département du Commerce, de l'Industrie et des Colonies, celui des Finances et la Caisse des dépôts et consignations, il a été décidé, qu'en ce qui concerne les rapports des caisses d'épargne avec cette dernière administration, les achats de rente, qui ont lieu d'office, sont effectués *valeur au jour de l'opération*, comme ceux qui sont faits à la demande des déposants. Par suite, c'est à cette date que la Caisse des dépôts et consignations arrête les intérêts servis aux caisses d'épargne sur le total des sommes ainsi converties en rentes. Toutefois, ces achats devront être terminés au plus tard le 15 juin. Ceux qui, par leur arrivée tardive, ne pourraient recevoir leur exécution à la Bourse du 15 juin, seraient portés au débit des caisses, *valeur à cette dernière date*. (*Circulaires des* 17 *septembre* 1889 *et* 25 *avril* 1890.) C'est, dès lors, le 15 *mars*, au plus tard, que doivent être envoyées les dernières lettres chargées, si les caisses d'épargne veulent être en mesure de faire opérer d'office les achats de rente sans s'exposer à une perte d'intérêts. Les dispositions qui précèdent annulent celles qui sont contenues au paragraphe 51 de l'Instruction du 4 juin 1857, et notamment le sixième alinéa, portant que « le coût des achats de rentes sera porté au débit du compte des caisses d'épargne, valeur au 1er avril. » Cette date du 1er *avril* n'a plus actuellement aucune signification.

XIX. Réduction des comptes des sociétés de secours mutuels et autres sociétés assimilées dépassant 8,000 francs. — Les règles qui viennent d'être exposées au sujet de l'avis par lettre chargée, de la suspension des intérêts et des achats de rente effectués d'office, sont également applicables, en vertu de l'article 13 de la loi du 9 avril 1881, aux sociétés de secours mutuels, quelle que soit leur nature, et aux sociétés assimilées, lorsque leur compte dépasse 8,000 francs, avec cette seule différence que le montant de la rente à acheter est de 100 francs au lieu de 20. C'est donc à tort que certaines caisses ont cru pouvoir maintenir à quelques sociétés un crédit supérieur au maximum autorisé. Cette irrégularité ne devra plus se reproduire.

XX. Versements reçus sur des comptes au delà du maximum de 2,000 francs. — D'autres infractions à l'article 8 de la loi du 9 avril 1881, fixant le maximum du compte à 2,000 francs, ont été constatées par l'Inspection des finances. Il a été reçu sur des comptes des versements qui avaient pour effet d'en porter immédiatement le montant au delà du maximum. Sans doute, les titulaires de ces comptes étaient, au commencement de l'année suivante, invités à les réduire ou bien il leur était fait application de l'article 9 de la loi du 9 avril 1881. Mais, il doit être bien entendu que, pour rester dans les termes et l'esprit de ladite loi, les caisses d'épargne ne peuvent recevoir des versements sur un compte que dans les limites du maximum de 2,000 francs et qu'elles doivent refuser la partie du versement excédant ledit maximum. C'est uniquement par le fait de la capitalisation des intérêts que le maximum doit pouvoir être exceptionnellement et temporairement dépassé, ce qui alors donne lieu de le réduire, ainsi qu'il a été expliqué plus haut.

XXI. Déclaration à signer par le déposant au moment du premier versement. — Le décret du 31 août 1881, portant règlement d'administration publique pour la caisse d'épargne postale, exige de tout déposant nouveau, au moment du premier versement, la signature d'une déclaration portant qu'il n'est titulaire d'aucun autre livret soit de la caisse d'épargne postale, soit des caisses d'épargne ordinaires. Ce décret n'étant pas applicable à ces dernières, la circulaire du 28 décembre 1881 leur a enjoint de faire signer sur le registre matricule à tout nouveau déposant une déclaration analogue. Cette déclaration doit pareillement énoncer que le déposant n'est titulaire d'aucun autre livret de caisse ordinaire. Beaucoup de caisses d'épargne négligent de se conformer à cette mesure. Il importe de ne pas renoncer à la garantie résultant de cette déclaration, qui a pour but d'éviter de la part des déposants la transgression de l'article 21 de la loi du 9 avril 1881 et de l'article 5 de la loi du 22 juin 1845, prohibant la multiplicité des livrets au nom d'un même titulaire.

XXII. Doubles livrets ; application de la pénalité. — Les dispositions précitées des lois de 1845 et de 1881 frappent de la suppression des intérêts sur la totalité des sommes déposées le titulaire de plusieurs livrets, soit à des caisses d'épargne ordinaires, soit à une caisse ordinaire et à la caisse postale. Cette suppression porte sur les intérêts de tous les livrets, et non sur ceux qui sont afférents au livret le plus récent. Les caisses d'épargne ne sont pas toujours à même de constater les contraventions dont il s'agit ; ce soin incombe plus spécialement à l'Administration, par les moyens d'investigation qui sont à sa disposition avec le service de vérification confié aux agents des finances, dont la mission est de constater l'inexécution des lois relatives aux caisses d'épargne sur ce point comme sur tous les autres. Mais, cette constatation ne peut être établie que par une vérification simultanée dans deux caisses différentes, dont l'une peut être la caisse d'épargne postale ou une seconde caisse ordinaire. Les inspecteurs des finances, ayant accès à la fois et dans les bureaux de poste et dans les caisses ordinaires, sont, dès lors, plus exclusivement appelés à relever ce genre d'infractions. Lorsqu'ils ont donné communication à chacun des établissements intéressés de la liste des contrevenants, ou que ces établissements en auront eu connaissance par tout autre moyen, la contravention étant régulièrement établie, c'est aux caisses d'épargne qu'il appartient spontanément d'appliquer aux contrevenants la pénalité édictée par les lois qui viennent d'être rappelées. Toutefois, dans le but d'éviter une fausse application desdites lois, ces établissements, tant les caisses ordinaires, que la caisse postale, ont le devoir de s'assurer respectivement que la situation de ces déposants n'a pas été, depuis, régularisée par un remboursement ou un transfert, ou qu'une similitude de noms et de prénoms ne cache pas deux personnalités différentes, ce que révèlent seulement la date et le lieu de naissance, Il peut également arriver qu'un déposant ignore l'existence d'un double livret pris à son nom et à son insu par un tiers. Si sa bonne foi est établie, ce qui résultera notamment de l'absence de sa signature au registre matricule et de la possession du livret par le tiers qui a versé les fonds, il serait injuste de lui infliger une pénalité quelconque. Ce contrôle, intéressant les caisses d'épargne ordinaires, la caisse postale et les déposants eux-mêmes, exigera naturellement un échange mutuel de demandes de rensei-

gnements entre les divers établissements dont il s'agit. Il importe
d'enjoindre aux déposants d'avoir à régulariser immédiatement leur
situation, en optant entre l'un ou l'autre des deux livrets et en
faisant solder ou transférer celui qu'ils auront déclaré ne pas
vouloir conserver ; mais, il conviendra de les laisser complètement
libres et de n'exercer aucune pression sur eux en vue de cette
option.

**XXIII. Point de départ de la suppression des intérêts
sur les doubles livrets.** — La pénalité dont il vient d'être parlé
doit être appliquée avec d'autant plus de rigueur qu'il est pratiquement
très difficile aux caisses d'épargne d'assurer l'exécution des prescriptions
des lois dont il s'agit, et qu'elles ne peuvent guère faire autrement
que de s'en rapporter à la déclaration signée du déposant, au moment
du premier versement. La suppression des intérêts ne saurait, dès
lors, concerner uniquement ceux qui sont en cours ; elle doit porter
également sur les intérêts indûment capitalisés depuis la date de
l'ouverture du second livret. En un mot, la pénalité doit s'appliquer
à tout le temps pendant lequel le déposant est resté en contravention, c'est-à-dire à la période entière de coexistence des deux livrets.
Si la suppression était limitée aux intérêts en cours, un déposant
qui serait reconnu, dans la première quinzaine de janvier, posséder
plusieurs livrets depuis nombre d'années, serait néanmoins remboursé
de tous ses intérêts précédemment acquis, alors qu'un déposant, en
contravention depuis le 1er janvier seulement, verrait tous ses intérêts
supprimés, si la coexistence des deux livrets était, pour ce dernier,
reconnue au mois de décembre de la même année. Il y aurait là
une inégalité de traitement qui ne saurait être admise. Dans le cas
où, à la suite de remboursements, le montant du livret ne repré-
senterait plus le chiffre des intérêts successivement capitalisés indûment,
il ne saurait être question de faire rapporter la différence par le
titulaire ; le reliquat serait retenu entièrement et le livret se trouverait
par là soldé.

Le produit de ces retenues sera porté au compte *Profits et Pertes*.

XXIV. Coexistence de livrets conditionnels et de livrets disponibles. — Ne sont pas considérés comme doubles livrets entraînant la suppression des intérêts prononcée par les lois de 1845 et de 1881 les deux livrets existant au nom d'un déposant, soit à la même caisse d'épargne, soit à la caisse postale et à une caisse ordinaire, lorsque l'un de ces livrets est conditionnel et que le titulaire n'a pas la disposition des fonds qui y sont portés. Il importe, toutefois, qu'en pareil cas, la totalité du crédit afférent aux deux livrets ne dépasse pas le maximum de 2,000 francs. S'il en était autrement, il y aurait lieu de réduire le compte dans les formes indiquées plus haut, et le cas échéant, l'achat de rente d'office serait opéré sur le livret non conditionnel.

XXV. Déclaration à faire par les femmes mariées et les mineurs voulant obtenir le bénéfice de la loi du 9 avril 1881. — Les femmes mariées et les mineurs sont admis indistinctement par quelques caisses d'épargne à bénéficier de l'article 6 de la loi du 9 avril 1881 et à se faire ouvrir des livrets en dehors de l'assistance du mari ou de l'intervention du représentant légal, sans être astreints à faire la déclaration exigée par la circulaire précitée du 28 décembre 1881, qui reproduit à ce sujet les dispositions adoptées, avec juste raison, par les règlements de la caisse d'épargne postale. Les dépôts de cette nature pouvant, le cas échéant, donner lieu à des débats judiciaires, il importe qu'aucune confusion ne se produise et que le bénéfice de la loi précitée ne soit pas accordé indifféremment à des femmes mariées ou à des mineurs qui, pour des raisons personnelles, n'ont nul souci d'en profiter.

XXVI. Oppositions des maris et des représentants légaux de mineurs. — L'opposition que le mari ou le représentant légal du mineur est autorisé à former au remboursement du livret ouvert, dans les conditions de l'article 6 de la loi du 9 avril 1881, à la femme mariée ou au mineur, sans son assistance ou son intervention, doit être faite par acte extrajudiciaire, c'est-à-dire par ministère d'huissier. Cet acte pouvant avoir son dénouement devant les tribunaux, il importe qu'il soit entouré de toutes les garanties nécessaires, de manière à ce qu'aucun doute ne puisse être élevé sur sa validité. Les caisses d'épargne n'auront donc pas à tenir compte des oppositions faites verbalement ou de toute autre manière.

Les caisses d'épargne, à défaut de mainlevée de l'opposition, ne peuvent opérer le remboursement du livret que sur l'accord des parties ou par autorité de justice. Elles ne sauraient, en effet, se faire juges du mérite de l'opposition, ni apprécier le bien fondé des prétentions de l'opposant qui peut même arguer de fausses qualités. C'est ce qu'ont reconnu avec raison la plupart des décisions judiciaires rendues en cette matière et, notamment, des jugements des tribunaux de la Seine, de Lons-le-Saunier et de Romorantin des 8 février, 1er et 13 juin 1891.

XXVII. Nécessité d'une autorisation ministérielle pour les sociétés de coopération, de bienfaisance et autres de même nature. — Toute association, quelle que soit sa nature, peut, comme un simple particulier, et sans qu'il soit besoin d'aucune autorisation administrative, être admise à verser ses fonds à une caisse d'épargne dans la limite du maximum de 2,000 francs. Ce n'est que pour avoir un compte susceptible d'atteindre 8,000 francs qu'une société est tenue de se pourvoir de l'autorisation ministérielle exigée par l'article 13 de la loi du 9 avril 1881. Alors seulement se pose la question de savoir si ladite société rentre dans la catégorie de celles auxquelles est réservé le bénéfice de la disposition précitée.

Il n'est donc pas nécessaire de subordonner les premiers versements d'une association à la concession d'une autorisation qui ne peut être accordée qu'après instruction, afin de ne pas s'exposer à éloigner des caisses d'épargne ordinaires toute une catégorie de déposants. Il y a lieu, en conséquence, dès les premiers versements effectués par les représentants d'une des associations visées par la loi, de mettre les intéressés en demeure de déclarer si leur société est dans l'intention d'user ou non du bénéfice de l'article 13 de la loi du 9 avril 1881. Dans le cas de l'affirmative, ces derniers auront à remplir immédiatement les conditions prescrites par la circulaire du 28 décembre 1884 et le paragraphe 6 de l'Instruction du 4 juin 1857. C'est ensuite à la caisse d'épargne qu'incombe le soin de provoquer l'autorisation requise, dans les formes réglementaires et en dehors de toute participation de l'association déposante. (*Circulaire du 20 juin 1892.*)

XXVIII. **Renouvellement des livrets épuisés.** — Lorsqu'un livret est épuisé et doit être renouvelé, il convient de mentionner en toutes lettres le solde à inscrire à l'actif du nouveau livret et d'y faire apposer le visa du directeur de service. L'Instruction du 4 juin 1857 ne renferme à cet égard que des prescriptions vagues et insuffisantes, et de récents événements ont démontré combien il importe de prendre des précautions contre les livrets fictifs. La mesure indiquée. constitue, au surplus, un moyen de contrôle des plus faciles.

XXIX. **Conservation pendant trente ans des livrets remboursés ou non.** — Le Conseil d'État, appelé à examiner quelle interprétation il convenait de donner au dernier paragraphe de l'article 14 de la loi du 9 avril 1881, a, le 2 août 1892, émis l'avis que la caisse d'épargne postale doit conserver sans distinction tous les livrets remboursés ou non remboursés qui n'ont donné lieu à opération depuis moins de trente ans. Le Conseil d'État s'est fondé sur le 7ᵉ paragraphe dudit article de la loi précitée, paragraphe ainsi conçu : « *La caisse d'épargne est autorisée à se décharger de toutes quittances et pièces et de tous livrets qui ont plus de trente ans de date* » ; il a considéré que cette disposition avait été édictée dans le but de faciliter la solution des difficultés qui peuvent se produire entre les caisses d'épargne et leurs déposants ou ayants cause, et il a estimé que, si les réclamations sont plus à craindre dans le cas où le livret n'a pas été remboursé, elles peuvent néanmoins se produire aussi dans le cas où le remboursement intégral a eu lieu. Le paragraphe 7 de l'article 14 ayant été déclaré applicable, par l'article 21, aux caisses d'épargne ordinaires, il a paru qu'il y avait intérêt à porter à la connaissance de ces établissements l'interprétation qui venait d'en être faite par le Conseil d'État et de leur en prescrire l'exécution au point de vue de la sauvegarde de leur responsabilité.

XXX. Remboursements à vue. — Les remboursements à vue et sans demande préalable, en usage dans diverses caisses d'épargne, quand ces remboursements sont limités à une certaine somme ou jusqu'à concurrence des fonds en caisse, ne sauraient constituer une irrégularité. Le paragraphe 25 de l'Instruction du 4 juin 1857 porte que « les caisses d'épargne ne sont tenues d'effectuer les remboursements que quinze jours après la clôture de leurs bordereaux. » Ainsi que l'indiquent les termes qui viennent d'être rappelés c'est là une simple faculté dont les caisses peuvent ne pas user et à laquelle il leur est même loisible de renoncer. Ce système ne peut être vu qu'avec faveur, car il répond aux vœux qui ont été souvent émis que les formalités des remboursements fussent simplifiées et les délais abrogés, afin d'occasionner le moins de dérangement possible aux déposants.

XXXI. Nullité de la demande de remboursement intégral non suivie d'exécution au jour fixé. — Lorsqu'un déposant fait à une séance une demande de remboursement intégral pour la séance suivante, on prépare le remboursement et on calcule les intérêts en conséquence. Si au jour fixé le déposant ne se présente pas, il semble possible d'inférer du silence de l'Instruction du 4 juin 1857 à cet égard (paragraphe 27), que la demande devient nulle et doit être renouvelée. Autrement, on ne restituerait au déposant que la somme qu'il aurait touchée s'il s'était présenté primitivement, et la caisse réaliserait à son détriment un bénéfice illicite d'autant plus considérable que le déposant se présenterait plus tardivement, alors qu'il a droit aux intérêts jusqu'au 1er ou au 16 qui précède, non pas la demande, mais l'opération réellement exécutée.

XXXII. Retenue en cas de remboursement intégral ou de transfert. — En cas de remboursement intégral ou de transfert, quelques caisses exercent un prélèvement de 0 fr. 25 ou de 0 fr. 50 sur les livrets soldés ou transférés. Cette retenue doit être considérée comme licite ; elle compense la perte que les caisses subissent en faisant en cours d'année l'avance des intérêts qui ne seraient exigibles qu'au 31 décembre et qu'elles ne reçoivent de la Caisse des dépôts et consignations que valeur à cette date.

XXXIII. **Quittances sur registre.** — Les quittances, que les déposants sont tenus de fournir pour les remboursements qu'ils reçoivent, sont souvent données par voie d'émargement sur un registre. Cette pratique, qui est en usage dans certaines caisses depuis longtemps, et surtout depuis 1871, n'est pas formellement interdite par les règlements ; mais elle n'est pas sans présenter quelques inconvénients. Il importe de remarquer, en effet, que, dans la quittance donnée par acte séparé, le caractère principal est celui d'un acte libératoire de la caisse vis-à-vis du déposant remboursé ; cette quittance peut être alors utilement produite en justice. L'émargement sur un registre, quoiqu'il ne soit pas dépourvu de valeur libératoire, doit être plutôt envisagé comme un document de comptabilité intérieure, une justification à fournir par le comptable pour sa décharge vis-à-vis de la caisse. Il résulte, en effet, d'une décision judiciaire que la signature donnée par un déposant sur un registre ne saurait équivaloir à une quittance donnée dans les circonsances ordinaires et qu'elle ne peut constituer qu'une présomption et non une preuve de payement.

XXXIV. **Remboursements aux personnes ne sachant ou ne pouvant signer.** — Aux termes du paragraphe 31 de l'Instruction du 4 juin 1857, lorsqu'un déposant ne sait ou ne peut signer et que son identité est constante, la quittance peut être remplacée par un certificat signé de deux témoins, sur lequel le directeur de service appose également sa signature, afin d'attester que la formalité s'est accomplie en sa présence. Toutefois, si elle juge convenable, la caisse est toujours en droit de refuser à un déposant qui ne sait ou ne peut signer, le bénéfice de cette manière de procéder et de n'effectuer le remboursement que sur une quittance revêtue de la signature d'un mandataire porteur d'une procuration passée devant notaire, ou devant le maire de la résidence. Il n'est pas fait de distinction entre les remboursements supérieurs ou inférieurs à 150 francs. En effet, la quittance ne constitue pas seule la décharge donnée à la caisse. Les remboursements, comme toutes les autres opérations, sont, en vertu de la loi du 3 juin 1835, inscrits sur le livret délivré au déposant et qui forme son titre contre la caisse d'épargne. Foi est due à ce titre, parce que, ainsi que l'a reconnu une décision judiciaire, le législateur a voulu le mettre à l'abri de toute contestation, sauf le cas où il porterait en lui-même la preuve d'une erreur matérielle et, sauf le cas où il serait le produit d'un faux, d'un vol ou d'un délit quelconque. Or, les énonciations de ce livret ne sauraient être divisées et le déposant ne serait pas fondé à prétendre que l'inscription des versements ferait seule foi en sa faveur, et que celle des remboursements n'aurait aucune valeur contre lui et pour libérer la caisse d'épargne. Par suite, le réclamant qui prétendrait ne pas avoir été remboursé, devrait commencer par prouver la fausseté de la mention de remboursement inscrite sur le livret. Cette preuve lui serait déjà très difficile ; elle le deviendrait encore plus du moment où la caisse aurait en mains une déclaration signée de deux témoins constatant la remise des fonds. Quant au remboursement intégral, il est établi par la remise et l'annulation du livret, de sorte que le déposant se trouverait sans titre pour soutenir sa prétention.

XXXV. Remboursement des intérêts de l'année précédente au porteur du livret et sans quittance. — Les caisses d'épargne engagent leur responsabilité et s'exposent à voir contester la validité des payements qu'elles font, lorsqu'elles remboursent les intérêts de l'année précédente au porteur du livret, à vue et sans quittance. Ce fait a été constaté rarement, il est vrai, par l'Inspection des finances ; il constitue une très grave irrégularité.

XXXVI. **Remboursements entre les mains d'un tiers sans procuration.** — Une autre pratique non moins défectueuse qui a été quelquefois signalée, consiste à opérer le remboursement entre les mains d'un tiers, porteur d'une simple lettre du titulaire du livret, et même sur une simple déclaration verbale, si ce tiers est un notaire, ou s'il s'agit de sommes minimes. Dans ces conditions, une erreur dans le payement engagerait sérieusement la responsabilité de l'établissement. Ce sont là des errements vicieux qu'il convient d'abandonner, pour revenir à l'observation des prescriptions réglementaires et exiger du déposant qui désire faire retirer ses fonds par un tiers, la production d'une procuration régulière avec légalisation de la signature par le maire. Cette procuration doit être exigée à l'appui de chaque opération pour rester annexée à la quittance comme le veut le paragraphe 29 de l'Instruction du 4 juin 1857. Toutefois, s'il s'agit d'une procuration notariée générale ou spéciale contenant pouvoir de toucher et de donner quittance, elle n'est pas conservée par la caisse d'épargne ; seulement il en est fait un extrait au dos de la quittance donnée par le mandataire. Il serait bon également, lorsque c'est un père qui retire pour ses enfants, de l'indiquer sur les pièces du remboursement.

XXXVII. **Remboursements après décès.** — Dans certaines caisses, les remboursements ne sont pas toujours appuyés des pièces justificatives de la qualité des ayants droits. Il serait prudent de se montrer plus exigeant vis-à-vis des parties et de ne pas opérer, sans la production des pièces nécessaires, le remboursement du montant des livrets des titulaires décédés, même entre les mains des notaires ou de leurs clercs, lorsqu'on les sait chargés de la liquidation de la succession. Les remboursements après décès ne peuvent avoir lieu qu'en vertu de certificats de propriété, délivrés dans les conditions de la loi du 28 floréal an VII, rendue applicable aux caisses d'épargne par l'article 3 de la loi du 7 mai 1852. Ces pièces sont délivrées par le notaire détenteur de la minute, lorsque, dans son étude, il existe un acte authentique, déclaratif ou translatif de propriété, tel

qu'inventaire, partage, testament, contrat de mariage ; le juge de paix
du domicile du décédé n'est compétent pour établir les certificats de
propriété, sur l'attestation de deux témoins, qu'en l'absence de tout
acte dans la forme authentique. Il a été admis que, si le montant
du livret ne dépassait pas cinquante francs, un certificat du maire
pouvait être considéré comme suffisant.

XXXVIII. **Mode d'opérer les remboursements après
décès.** — Le paragraphe 67 de l'Instruction du 4 juin 1857, relatif
au transfert des fonds d'un déposant décédé, doit être considéré
comme applicable aux remboursements après décès. Vis-à-vis de la
caisse qui l'opère, le transfert constitue, en effet, un remboursement
et les mêmes garanties sont exigées pour sa validité. Dès lors, si le
certificat de propriété, produit par les héritiers ou ayants droits du
déposant décédé, autorise le partage entre eux du compte de leur
auteur, c'est-à-dire si la quote-part revenant à chacun dans le total
est exactement déterminée d'une manière divise, les caisses d'épargne
procéderont à la répartition des fonds suivant les droits de chacun,
lorsque ceux-ci le requerront. Dans ce cas, elles devront faire signer
par chaque partie prenante une quittance distincte de la somme qui
lui a été attribuée. Ce mode d'opérer sera encore employé toutes
les fois que les droits de chacun auront été fixés spécialement par
le certificat de propriété, alors même que les intéressés ne l'auraient
pas expressément demandé, pourvu qu'ils n'aient pas déclaré s'y
opposer et préférer un remboursement fait à tous ou à l'un d'eux
constitué leur mandataire.

Si, au contraire, le certificat de propriété n'a pas fixé les droits
de chacun d'une manière spéciale, ou s'il a stipulé que le remboursement sera fait conjointement et indivisément, il n'appartient pas
aux caisses d'épargne d'opérer le partage du compte, même sur la
demande des intéressés. Elles doivent leur faire signer à tous, sans
exception, une quittance collective en leur remettant les fonds. Il
leur serait néanmoins possible, pour plus de simplicité, de les inviter
à constituer un mandataire unique chargé de signer la quittance et

de recevoir les fonds. Si un ou plusieurs des cohéritiers forment des demandes spéciales, le payement, dans ce second cas, ne serait effectué qu'après accord entre tous les intéressés ou règlement des droits de chacun.

La signature d'une quittance collective ou la constitution d'un mandataire par tous les ayants droit, est, dans tous les cas, la seule manière d'opérer pour obtenir le retrait d'une inscription de rente appartenant à un déposant décédé. Les caisses d'épargne n'ont pas, en effet, qualité pour faire changer l'immatricule du titre. Ce sera aux héritiers ou ayants droit à se pourvoir ultérieurement devant le bureau des transferts, afin de faire opérer le changement ou, s'il y a lieu, la division de l'inscription de rente.

XXXIX. Exemption du timbre et de l'enregistrement pour les certificats de propriété. — Les certificats de propriété, produits à l'appui des demandes de retrait de fonds versés aux caisses d'épargne par les ayants droit d'un déposant décédé, sont exempts du timbre et de l'enregistrement. La question, après avoir été long-temps controversée, a été tranchée dans le sens qui précède, par une décision du Ministre des finances du 11 juin 1888 [1].

---

[1] Voici le texte de cette décision :

CAISSES D'ÉPARGNE. — CERTIFICATS DE PROPRIÉTÉ ET ACTES DE NOTORIÉTÉ. — DROITS DE TIMBRE ET D'ENREGISTREMENT.

(Décision du Ministre des finances du 11 juin 1888.)

L'article 20 de la loi du 9 avril 1881, dont la disposition a été étendue aux caisses d'épargne ordinaires par l'article 21, exempte des formalités du timbre et de l'enregistrement *« les imprimés, écrits et actes de toute espèce pour le service de la Caisse d'épargne postale »*. Dès la mise à exécution de la loi, la question s'est posée de savoir si cette exemption était applicable aux actes de notoriété et aux certificats de propriété qui, en cas de décès du titulaire d'un livret, doivent

XL. Remise et garde des titres de rente appartenant aux déposants. — Les caisses d'épargne ne peuvent confier à leurs succursales le soin de remettre aux titulaires les inscriptions de rente achetées pour le compte de ces derniers ou d'en rester dépositaires. Cette prohibition, résultant du paragraphe 102 de l'Instruction du 4 juin 1857, n'est pas toujours respectée, ainsi que l'Inspection des finances a eu l'occasion de l'observer.

XLI. Renouvellement des inscriptions de rente épuisées. — Pour le renouvellement des inscriptions de rente qu'elles ont en dépôt, lorsque toutes les cases destinées à la constatation du payement des arrérages ont été oblitérées, quelques caisses croient que la production du certificat de vie des titulaires doit être exigée. C'est là une erreur qui peut entraîner, dans certains cas, des retards considérables et, par suite, une perte pour les intéressés, de nature à engager la responsabilité de l'établissement, si la prescription quinquennale a été appliquée aux arrérages de ces titres. Ce certificat de vie n'est pas nécessaire. M. le Ministre des finances, par une circulaire adressée aux trésoriers généraux et aux receveurs des finances,

---

être produits par les héritiers pour opérer le retrait des sommes déposées. L'Administration avait d'abord soutenu la négative et cette opinion a été admise par une décision ministérielle du 6 janvier 1882, ainsi que par un jugement du tribunal de Cherbourg du 26 mars 1884. Mais la thèse contraire a été adoptée par un autre tribunal et la question a été de nouveau soumise au Ministre qui l'a résolue par décision du 11 juin 1888.

Aux termes de cette décision, il y a lieu d'exempter, désormais, des formalités du timbre et de l'enregistrement les actes de notoriété et les certificats de propriété que les héritiers du titulaire d'un livret sont tenus de produire aux caisses d'épargne pour justifier de leur droit au remboursement des sommes déposées par leur auteur, ces actes étant considérés comme nécessaires pour le service des caisses d'épargne.

le 2 mars 1889 [1], s'est formellement prononcé sur ce point et a décidé que les inscriptions épuisées, restées en dépôt aux caisses d'épargne, seraient renouvelées sans autre justification qu'une demande du caissier de l'établissement constatant qu'il agit en conformité des lois des 30 juin 1851 et 7 mai 1853.

XLII. **Livrets laissés en dépôt.** — Il a été constaté que, fréquemment, à la suite des opérations, les livrets des déposants restent en grand nombre aux caisses d'épargne, à la disposition du caissier et des agents de l'établissement. Il y a là un abus auquel il convient de remédier, en remettant les livrets à leurs titulaires après les opérations qui ont eu lieu, ou, tout au moins en ne les conservant que le moins de temps possible, si cette mesure est indispensable pour passer les écritures ou opérer les vérifications nécessaires. Il importe, en effet, que les déposants gardent entre leurs mains leur livret, qui forme leur titre contre l'établissement.

---

[1] Extrait d'une circulaire du 2 mars 1889, adressée aux trésoriers-payeurs généraux et receveurs particuliers des finances par le Ministère des finances (Direction de la Dette inscrite).

« Monsieur,

. . . .

« IV. *Renouvellement des inscriptions de rente dont les extraits sont déposés dans les Caisses d'épargne.* — L'article 6 de la loi du 30 juin 1851 donne pouvoir aux Caisses d'épargne de toucher les arrérages des inscriptions de rente que les titulaires ont négligé de retirer. Le mandat de ces établissements a été reconnu et confirmé, à cet égard, par la loi du 7 mai 1853, qui en limite la durée à trente ans, à partir de la dernière opération faite à la requête du déposant.

« Les inscriptions qui se trouvent dans ces conditions peuvent, en conséquence, être renouvelées sans autres justifications qu'une demande du caissier de la Caisse d'épargne, constatant qu'il agit en conformité des dispositions ci-dessus rappelées.

« Des plaintes parvenues au Ministère du commerce me font supposer que quelques agents du Trésor ont méconnu ces règles, et j'ai cru utile de vous les rappeler. »

Ces derniers doivent être invités, soit verbalement, soit par lettre, à venir le retirer au bout d'un délai qu'il sera loisible à la caisse d'épargne de fixer, mais qui ne devrait pas dépasser un mois.

XLIII. **Cautionnements des caissiers.** — Les cautionnements de beaucoup de caissiers et surtout de sous-caissiers de succursales ont été jugés insuffisants ; ils ne seraient plus en rapport avec l'importance des fonds dont ils ont le maniement. L'article 25 du décret du 15 avril 1852 stipule, à la vérité, que le cautionnement de ces comptables est fixé pour toute la durée de leurs fonctions. Mais le bénéfice de cette disposition ne saurait leur être acquis qu'autant que ce cautionnement a été régulièrement fixé à l'origine. Il est évident, en effet, qu'ils ne pourraient se prévaloir d'une disposition de ce décret pour demander le maintien d'une décision contraire aux autres dispositions du même décret et, par suite, profiter des erreurs qui auraient été commises et qui auraient eu pour résultat de leur imposer un cautionnement insuffisant. Aux termes de l'article 23 du décret précité, le cautionnement doit être fixé par le conseil des directeurs à 2 p. % de la moyenne des recettes des cinq années qui ont précédé l'entrée en fonctions du caissier ou du sous-caissier ; dans les recettes, il y a lieu de comprendre non seulement les sommes versées par les déposants à la caisse ou à la succursale, mais encore celles qui, en vue des remboursements, sont retirées de la Caisse des dépôts et consignations, s'il s'agit d'un caissier, ou envoyées par la caisse centrale à la succursale, s'il s'agit d'un sous-caissier. Il paraît également utile de rappeler que, pour les succursales nouvellement établies et ne comptant pas encore cinq ans d'existence, le cautionnement est fixé par le Ministre du commerce, sur la proposition du conseil des directeurs.

XLIV. **Réalisation en rentes des cautionnements des caissiers, sous-caissiers et autres agents.** — Lorsqu'une caisse d'épargne désire faire profiter le caissier de la faculté, qui lui est accordée par l'article 27 du décret du 15 avril 1852, de réaliser en rentes le cautionnement qui lui a été imposé, elle doit s'adresser au Préfet, appelé, par le décret du 1er août 1864, à statuer sur les réalisations de cette nature. C'est encore le Préfet qui est compétent lorsqu'il s'agit du cautionnement d'un sous-caissier de succursale ou d'un employé de la caisse, auquel le conseil des directeurs a imposé cette garantie, en vertu du paragraphe 127 de l'Instruction du 4 juin 1857.

XLV. Cumul des fonctions de caissier ou de sous-caissier avec d'autres professions. — Les caissiers des caisses d'épargne et les sous-caissiers des succursales, nommés et révoqués par les conseils des directeurs, sans que l'Administration ait à intervenir, n'ont pas le caractère de comptables publics, qui ne leur a été conféré par aucune disposition législative ou réglementaire. Les diverses incompatibilités édictées par les instructions relatives aux comptables publics ne sauraient, dès lors, les concerner, et le cumul desdites fonctions avec d'autres professions n'est nullement prohibé. Toutefois, il appartient aux conseils des directeurs d'imposer aux caissiers telles conditions qu'ils jugent convenables et de leur interdire certaines professions qui leur paraîtraient de nature à rendre plus difficile le contrôle qu'ils sont tenus d'exercer sur la gestion de ces comptables.

Les receveurs municipaux, de même que les receveurs des hospices et des bureaux de bienfaisance, ne peuvent être chargés des fonctions de caissiers ou de sous-caissiers qu'à la suite d'une décision de M. le Ministre de l'intérieur, qui statue sur l'autorisation ou l'interdiction du cumul, d'après les circonstances particulières de chaque espèce et après avis des receveurs des finances et des municipalités ou des commissions administratives.

XLVI. Rémunération des caissiers. — En vertu des statuts, les conseils des directeurs ont encore seuls qualité pour fixer le traitement des caissiers ; ils ont toute latitude pour adopter le mode de rémunération qu'ils jugent préférable, à base fixe ou proportionnelle ;

suivant le système qui leur paraît le plus avantageux. Il importe, toutefois, d'éviter une pratique des plus défectueuses, consistant à charger le caissier du payement de toutes les dépenses, en lui abandonnant l'intégralité des recettes de l'établissement, qui se trouverait ainsi placé dans l'impossibilité de se constituer une fortune personnelle. Si le forfait porte seulement sur une quotité des ressources annuelles qui serait laissée au caissier, il y a lieu de veiller à ce que ce dernier assure convenablement le service et ne cherche pas à réduire les dépenses au delà du minimum nécessaire, afin d'accroître le bénéfice qui lui reviendrait.

XLVII. Subventions à des établissements ou à des œuvres de bienfaisance. — Des caisses d'épargne ont été signalées comme ayant accordé des subventions à des établissements ou à des œuvres de bienfaisance. Quel que soit le caractère humanitaire ou philanthropique que présentent ces libéralités, les caisses d'épargne ont un devoir plus impérieux à remplir : c'est celui d'assurer à leurs déposants une garantie croissant avec l'importance des fonds qui leur sont confiés. Aussi la règle admise en cette matière est-elle qu'une aliénation de la fortune personnelle ou des bénéfices ne peut être autorisée dans un but étranger à l'établissement et à l'intérêt des déposants. Une semblable aliénation paraît, en effet, contraire à l'esprit de l'article 7 de la loi du 30 juin 1851 qui, en obligeant les caisses d'épargne, quel que soit leur état de prospérité, à exercer une retenue de 0.25 p. 0/0 au minimum sur les intérêts qu'elles reçoivent de la Caisse des Dépôts et consignations, a voulu leur constituer une fortune personnelle destinée à parer aux éventualités que la prudence commande de prévoir. Les sinistres qui ont eu lieu à diverses époques et encore tout récemment, et dont quelques-uns ont atteint des chiffres très élevés, ont prouvé la sagesse de cette mesure. Ils font au Gouvernement, dont les finances peuvent être engagées dans certains cas, une obligation stricte de ne pas autoriser de libéralités sur la fortune personnelle des caisses d'épargne ou sur les bénéfices qui sont destinés à l'accroître. Le Conseil d'État a reconnu, au surplus, l'irrégularité de semblables libéralités qu'il a déclarées contraires au but poursuivi par ces établissements en vertu de leurs statuts ; il a considéré qu'il était du devoir de l'Administration supérieure de ne tolérer aucun emploi antistatutaire de leurs deniers et de veiller à ce que des établissements publics ou d'utilité publique, placés sous son autorité ou sous sa surveillance, ne consentent ou n'acceptent aucune donation irrégulière. Toutefois, une caisse possédant des ressources importantes pourrait, sans autorisation, prélever sur ses bénéfices annuels, une somme minime, qu'elle répartirait en livrets à distribuer aux enfants des écoles ou qu'elle affecterait à d'autres emplois propres à stimuler l'épargne et à accroître le nombre des déposants.

Quant aux conventions que les caisses d'épargne passent avec les municipalités, en vue de l'ouverture de succursales, elles ne doivent pas porter abandon à la commune de tout ou partie des bénéfices réalisés par ces annexes. Une clause de cette nature ne saurait être admise. L'attribution de ces bénéfices a été, en effet, critiquée par la Cour des comptes, comme constitutant des libéralités interdites aux caisses d'épargne.

XLVIII. Mandatement des dépenses. — L'Inspection des finances a relevé parfois que les dépenses avaient été payées sans avoir été préalablement mandatées par le président ou le vice-président du Conseil des directeurs. Aucune disposition légale ou réglementaire n'impose cette formalité aux caisses d'épargne. Mais, les principes d'une sage comptabilité et le contrôle, que les directeurs sont tenus d'exercer, leur font un devoir d'adopter cette règle et d'en exiger l'application de la part des agents de l'établissement.

XLIX. Attribution des bénéfices annuels au fonds de dotation lorsque le fonds de réserve a atteint son maximum. — Fréquemment les prescriptions des statuts ne sont pas observées en ce qui touche l'attribution au fonds de dotation des bénéfices annuels qui sont portés indûment au fonds de réserve. Il convient de rappeler que, pour les caisses d'épargne régies par des statuts conformes au type de 1854 et qui sont aujourd'hui en majorité, le fonds de réserve doit être fixé, chaque année, par le Conseil des directeurs et représenter la moyenne des dépenses acquittées pendant les trois dernières années. Lorsque ce fonds a atteint le maximum déterminé comme il vient d'être dit, le surplus des bénéfices annuels est porté au fonds de dotation. Les caisses d'épargne qui, jusqu'à ce jour, ne se sont pas conformées à cette manière de faire, auront à régulariser d'urgence leur situation.

L. Placement de la fortune personnelle des caisses d'épargne. — Le fonds de dotation ne peut être employé que suivant les modes de placement prévus aux statuts. Cet emploi, pour les caisses régies par les statuts type de 1854, doit être fait en rente sur l'État ou en acquisition d'immeubles destinés à l'installation de leurs services. Les placements en obligations du Crédit foncier leur sont également permis, par application du décret-loi du 28 février 1852, article 46. Le fonds de réserve seul peut être laissé en compte courant à la Caisse des dépôts et consignations. Les caisses d'épargne qui ne se trouvent pas, à cet égard, dans des conditions régulières, devront se conformer, le plus promptement possible, aux prescriptions de leurs statuts.

Lorsque les statuts d'une caisse d'épargne n'ont pas prévu certains modes de placement du fonds de dotation, tels que prêts aux villes, aux départements, aux hospices, aux monts-de-piété, etc., leur silence, d'après un avis du Conseil d'État du 8 août 1883, constitue *une interdiction absolue* qui ne saurait être levée accidentellement par un décret. Les demandes d'autorisation présentées à ce sujet ne seraient pas, dès lors, susceptibles d'être accueillies.

LI. Acquisitions d'immeubles par les caisses d'épargne. — Si les statuts n'ont pas prévu le placement en immeubles du fonds de dotation, l'acquisition d'un immeuble ne peut être effectuée par une caisse d'épargne qu'à la suite de l'approbation donnée par décret à de nouveaux statuts votés par le Conseil des Directeurs sur la base du type de 1854.

Les acquisitions d'immeubles sont exclusivement destinées à pourvoir à l'installation des services des caisses d'épargne, alors même que cette restriction n'aurait pas été formellement inscrite dans les statuts. Si l'immeuble n'est pas entièrement occupé par les services de l'établissement, il lui est loisible néanmoins d'en louer une partie et par ce moyen d'en retirer un revenu. C'est même là une combinaison qui ne saurait qu'être encouragée et qui paraît de plus en plus se pratiquer. Seulement, la location ne saurait être que le côté accessoire et non le but principal de l'opération.

En cette matière, les caisses d'épargne doivent se guider suivant les principes d'une sage administration. Il serait imprudent de consacrer à une acquisition d'immeubles une somme trop forte qui, une fois immobilisée, ne produit plus de revenus ou seulement un revenu insignifiant, ce qui retarde d'autant l'accroissement de la fortune personnelle. Il convient, dès lors, d'éviter les opérations préjudiciables ou même simplement inutiles, et, par suite, d'exclure toutes dépenses somptuaires.

LII. Écritures à passer pour les acquisitions d'immeubles et les achats de rentes. — Les acquisitions d'immeubles constituent un placement de la fortune personnelle des caisses d'épargne et non une aliénation. Les sommes qui ont reçu cette affectation ne sauraient, dès lors, être considérées comme une dépense, puisqu'elles ne sont pas sorties de cette fortune personnelle et qu'elles y sont représentées par une contre-valeur qui continue à figurer dans l'actif de l'établissement. Il y a donc lieu d'ouvrir un compte *Immeuble,* qui est débité successivement des sommes payées pour le coût de l'immeuble, en même temps que le compte *Caisse* est crédité des sommes qu'il a fournies pour ces payements successifs ; en cas d'insuffisance de l'encaisse, ce compte *Caisse* serait préalablement débité des sommes retirées de la Caisse des dépôts et consignations par le crédit du compte *Caisse des dépôts et consignations*. Le coût de l'immeuble est représenté par son prix d'acquisition augmenté des dépenses faites pour appropriations et grosses réparations, si ces dépenses en ont accru la valeur. Quant aux frais faits ultérieurement sur l'immeuble, s'ils ont eu simplement pour effet de le maintenir dans son état primitif, ou s'ils ne constituent que des charges d'entretien, ils doivent être envisagés comme une dépense et, comme tels, passés au compte *Profits et Pertes*.

Les achats de rentes donnent également lieu à l'ouverture d'un compte *Rentes* qui est pareillement débité par le crédit du compte *Caisse des dépôts et consignations* des sommes nécessaires à l'achat, si ces sommes ont été prélevées sur celles qui sont en compte courant, sans avoir été payées en espèces. Les rentes doivent être portées pour leur prix d'achat sans tenir compte des variations en plus ou en moins que les fluctuations des cours font éprouver au capital.

LIII. **Nécessité d'une autorisation pour la vente des rentes et des immeubles appartenant aux caisses d'épargne.** — Lorsque les statuts ont stipulé que le capital des fonds de dotation *ne peut être aliéné sans l'autorisation du Gouvernement*, cette clause doit être entendue en ce sens que l'autorisation du Gouvernement est nécessaire, non pas seulement pour les actes tels que les libéralités, qui emportent disposition et, par suite, amoindrissement de la fortune personnelle de l'établissement, mais encore pour les actes qui ne constituent qu'une simple substitution d'un placement à un autre dans les limites prévues par les statuts. Pour ce qui touche les rentes sur l'État, le Trésor n'étant pas chargé de surveiller les remplois et n'ayant pas à y intervenir d'une manière quelconque, la vente constitue à son égard une aliénation pure et simple. Du moment où les termes des statuts doivent recevoir une semblable interprétation, il n'existe aucune raison de faire une différence entre les rentes et les immeubles. Au surplus, cette formalité a été requise plusieurs fois par des notaires chargés de passer les actes de ventes d'immeubles appartenant aux caisses d'épargne. Dans l'un et l'autre cas, cette autorisation est donnée par décret. Pour l'obtenir, le conseil des directeurs prend une délibération indiquant la somme de rente à vendre, le numéro et la nature des inscriptions, dont une copie certifiée conforme est produite à l'appui, ou bien énonçant la situation de l'immeuble, l'acte d'acquisition, la date à laquelle il a été passé, ainsi que le nom du notaire qui l'a reçu. Cette délibération, dans laquelle est sollicitée l'autorisation requise pour cette aliénation, doit être transmise au Ministère du commerce par le préfet du département.

LIV. Renouvellement des Conseils de direction. — Les statuts des caisses d'épargne prescrivent de procéder, chaque année, au renouvellement partiel des conseils de direction. Des infractions à ces dispositions impératives ont été parfois relevées par le Ministère du commerce. Il importe qu'elles ne se renouvellent pas, dans l'intérêt même de la responsabilité des directeurs. Le renouvellement régulier des conseils de direction est une condition essentielle d'une bonne administration ; il assure avec plus de vigilance l'exercice du contrôle des directeurs. Enfin, les caisses d'épargne doivent tenir rigoureusement la main au renouvellement périodique des administrateurs des succursales, suivant les conventions qui sont intervenues pour la fondation de ces annexes.

LV. Règles à suivre pour le renouvellement annuel des Conseils de direction. — Le renouvellement annuel des Conseils de direction se fait par séries comprenant un certain nombre de directeurs dont les pouvoirs sont expirés. La composition et l'ordre de sortie de chacune de ces séries sont déterminés d'abord par le sort, puis par l'ancienneté. C'est toujours au Conseil lui-même qu'il appartient de former ces séries, mais non de procéder au remplacement ou à la réélection des membres sortants. Pour la grande majorité des caisses d'épargne, la nomination est confiée au Conseil municipal de la commune. Indépendamment des membres compris dans les séries sortantes, il y a encore lieu de pourvoir aux vacances accidentelles provenant de décès et de démissions. Dans ce cas, le nouveau titulaire ne conserve ces fonctions que pendant le temps qui restait à courir sur le mandat de son prédécesseur.

Lorsque certains membres ont été spécialement désignés comme conseillers municipaux, afin de représenter, conformément aux statuts, le Conseil municipal au sein du Conseil des directeurs, la qualité de directeur est alors inhérente à celle de conseiller municipal ; elle tombe d'elle-même, dès que la personne qui en avait été investie cesse, par une cause quelconque, de faire partie de cette dernière assemblée, et le nouveau conseiller municipal ne demeure également en fonctions que pendant le temps qui restait à courir à son prédécesseur. Cette qualité, au contraire, ne disparaît pas lorsqu'une réélection a maintenu à ce membre ses fonctions municipales et il n'est pas besoin que ses pouvoirs soient confirmés par le nouveau conseil municipal. Lorsque des directeurs d'une caisse d'épargne, tout en étant conseillers municipaux, n'ont pas été nommés à ce titre, ils conservent leurs fonctions en cas de non-réélection.

Les délibérations des conseils municipaux, relatives à la nomination des conseils de direction des caisses d'épargne, ne sont pas soumises à l'approbation préfectorale.

LVI. **Création de plusieurs succursales dans la même localité.** - Les circulaires des 12 et 16 janvier 1861 donnent aux caisses d'épargne toute latitude pour organiser des succursales partout où elles le jugent convenable ; mais encore faut-il que l'existence de ces annexes soit justifiée et que deux caisses ne puissent se faire une concurrence qui serait de nature à devenir préjudiciable aux intérêts généraux de l'institution. La circulaire du 12 janvier recommande aux caisses d'épargne de se renfermer dans leur circonscription naturelle, limitée aux localités qui, à raison soit des communications, soit du courant des affaires, ont plus spécialement leurs relations avec la ville où elles ont leur siège. Cette circulaire porte, en outre, que les caisses peuvent s'entendre pour se partager le territoire, ce qui exclut implicitement toute idée de concurrence. Elle fait par là application d'un avis du Conseil d'État du 1ᵉʳ avril 1834, qui a reconnu que les caisses d'épargne étant des établissements d'utilité publique, les considérations fondées sur l'utilité de la concurrence n'y sont pas applicables, et que le Gouvernement doit en limiter le nombre d'après des considérations d'ordre public. Ce même avis ajoute que l'existence d'une seconde caisse dans une localité, qui en possède déjà une, tendrait à faire naître un *esprit de rivalité* nuisible aux deux établissements. Les raisons d'intérêt général et d'ordre public qui ont inspiré cet avis, paraissent pouvoir être invoquées avec non moins de force, lorsqu'il s'agit de la création de succursales. Une succursale n'est, en quelque sorte, qu'une émanation de la caisse dont elle relève ; elle en fait partie intégrante. Si deux caisses ne peuvent coexister dans une même localité, on ne saurait admettre cette dualité pour des succursales qui n'ont pas d'autre personnalité que celle de la caisse qui les a créées.

A Paris, le 14 mars 1893.

Le Ministre du Commerce, de l'Industrie
et des Colonies,

Jules SIEGFRIED.

SOMMAIRE DE L'INSTRUCTION.